심상시선 138

달빛 쬐는 밤고양이 남풍이 그립다

이혜영 시집

시인의 말

내 인생의 기념품은 단연 나다
잘 살아왔는지
그렇지 않은지
내 삶의 질을 주관 하면서도 객관의 잣대를
관과 할 수 없는 것이 삶의 척도
그것의 모호한 난제이다
오늘 문득 그저 내 삶의 충실도에 감사함과 겸허를
표하며
내 인생에 이 기념품 한 가지를 더 하고자한다
봄 들녘에 꽃다발이고
물웅덩이에 물잔 일뿐인 소소하고 평잔한
오랜 시간 긁적인 습작집이라 보면 되겠다
별. 바람. 겨울. 밤고양이

그리고 내가 아는 나를 아는 모든 이들이
구. 행. 연을 이루는 단어가 되어 삶의 카테고리는
그닥 멀지도 거창하지도 않음에 가슴 든든하다
오늘도 나는 멸치 한 줌 챙겨들고 밤고양이에게 간다
달빛 쬐며 남풍이 그리운 고양이에게

2025년 5월

이 혜 영

차례

시인의 말	2
사랑	9
사월	10
겨울목	11
오월 2	12
여름에도 떨어지는 잎이 있다	13
사월을 건디며	14
시월과의 이별	16
장마	18
시월에	19
봄	20
시월에	21
겨울밤에는	22
媄秋	23
봄 끝에	24
가을	25
이름2	26
다 좋아	27
소식	28
이별보고	29
아침이별	30
길	31

이별의 기쁨	32
사모	33
까마귀	34
맘멍울	35
어머니	36
작별	37
달빛 쬐는 밤 고양이 남풍이 그립다	38
새벽	39
美冬(미동)	40
심야	41
밤매화	42
同	43
초입	44
재	45
고드름	46
동지	47
촛불	48
단어의 발견	49
후~	50
선잠	51
삶	52
기꺼이	53
비 오는데	54

정도	55
상당로	56
별빛에 부서지다	58
이 서늘함이 좋다	60
비온 후	62
자각	63
언덕	64
죽은 詩의 산	65
허기	66
강길	67
이끼	68
모과	69
겨울은 사랑	70
사막	71
맞아	72
때론 바보	73
그때 중2병	74
중도	75
응급실	76
아버지와 뜨물	77
피맛골	78
지야네 세탁소	80
집	82
주왕산	83
예쁜 것만 주목받는 것은 아니다	84
성질	86
태를지	88

선창	89
차마고도2	90
하얼빈	91
운길산	92
강남구청	93
라스베가스를 떠나며...	94
바이칼	96
태항산	97
안데스의 제왕	98
설악산	99
부암동	100
길상사	101
마로니에	102
오래된 정원	103
목욕탕	104
동호대교	105
눈 표범	106
오서산	107
겐지스	108
피라미드	109
붓다루트	110
페트라	112
华山	113

시평
인간의 본원적 삶과 현실 사이
　　　　　　- 박동규　116

사랑

사월…폭풍이 인다
꽃잎 같은 입술이 폭풍에 붉고
칠흙 같은 머리칼이 폭풍에 씻겨
그해
부르클린행 티켓으로 대변되던 사월의 끝은
매양 돌아오는 계절과 함께
붉은 폭우로 꽃잎 떨게 하고
날선 폭풍으로 머리칼을 도려내고 있다

사월…폭풍이 인다
그 한가운데
맨발로 서다.

사월

바람이 있어 날리는 꽃잎
이별했으므로 손수건 적신 눈물 같습니다
사월이 있어 거품 같은 꽃사위
겨울이었음으로 주머니가득 넘쳤던 두 손 같습니다

밤이 있어 안개등 아래 꾸벅이는 꽃무덤
사랑했으므로 동지 밤 내내 기대었던 어깨 같습니다

계절은 오가고
꽃잎은 피지고
가슴 한가득 아리던 사랑과
코트 깃 날카로이 돌아서던 이별과…

그런 기대와 허무가 있어
사월 초승달이 쓰다만 편지처럼 서럽습니다

겨울목

바람 불어 겨울목이 더욱 아름답습니다
하늘엔 별이 얼고
달마저 창백히 잠 못 들고 있으나
나의 겨울이
다시 또 동그라니 발춤에 내려앉아
얼어가는 가로등에 빛이 됩니다
가도 가도 끝없을 것 같던 청춘과
부르지 않아도
무수한 대답만 돌아오던
그 날들의 사모가
여전히 가슴에서 먹먹히 여울집니다
겨울목에서
지난 것의 기억과
또 돌아올 것의 기대가
이 밤
찬바람 내 달리는
길 끝까지 달음질합니다

오월 2

오월의 잎이 그 젖내 달콤했던 꽃들을 떨궈내고
오뉴월 바람 앞에 저항 없이 전신을 내 맡긴 채 나부끼고
있다
태양은 더 없이 뜨겁고 찬란해
비추는 모든 것이 금빛으로 눈부시고
그늘 드린 벤치의 감성은 누구라도
시인이 되어 눈감게 한다
계절의 오감이 희비에 민감한 건 아마 우리네 삶이
그다지 특별하지 않아서 일거다
숨 쉬고 사랑하고
이별하고 아파하고
한 때 오월의 꽃봉처럼 빨갛게 빨갛게
눈시울 태우던 청춘들
더없이 파란 오월의 창에서 다시 또
군무하는 아이비의 절정을 본다

여름에도 떨어지는 잎이 있다

맨드라미 붉어붉어 발자국 물드는데

무슨 고집인지

여름에도 떨어지는 잎이 있다

뛰어도 뛰어도 꿈쩍 않던 발

무슨 시비인지

보냈어도 보냈어도 돌아오지 않는 꿈

매미 울어울어 천지가 뜨거운데

무슨 까닭인지 여름에도 떨어지는 잎이 있다

사월을 견디며

무량 적적한 강 물결이 황금잉어의 비늘처럼 일렁입니다.
가만 들여다보니 그것은 봄 깊은 달빛과 한강교 인공 빛의
너울이어…빛의 속도와 물결의 아우라가 전라의 물 사위서
흐느끼는듯해…그건 마치 짙은 화장이 눈물로 범벅된 이별 후
여인네의 통곡 같아서… 어쩜 사월신부의 화사한 두 볼 같던
낮에 본 벚꽃의 반개와 배견되어 빛 스민 물짓이 서러뵙니다.
아! 사월의 강변이 겨울문풍지처럼 생경해 시린 입김이
달빛에 닿을 듯 기인 여울로 뒤쳐질 때…매양 오시는
계절의 질서처럼 어김없이 오는 고집스런 맘 저림이
초겨울 살얼음처럼 정겸해, 그것은 황사이는 삼사월의
혼돈과 함께 멈춰선 발취 앞서 또 어지럼을 탑니다.
걷자니… 사월의 밤은 강 길도 어둔 바람도 그 향이 시려…
그해 울컥 삼키지 못한 물 한 모금을 문 듯 잠시 숨이
먹먹해지는 건…무릇…
생각해 사는 것은 아무것도 아니며
생각해 사랑하는 것은 아무것도 아니며
생각해 잊어야 하는 것도 아무것도 아니며

다만, 아무것도인 것은 그것들을 견디는 것이어서…
생각하면 강은 물일뿐이어
생각하면 별은 빛일 뿐이어
생각하면 사람은 그리움뿐이어서…
다만 아무것도인 것은 그것들은 밀려오는 것이어서…

강이 되어버린 사월의 밤에 나는…

시월과의 이별

이별하던 그날에
마로니에 단풍은 이별 무대의 피날레였지
돌아서던 어깨위로 날리던 머플러
눈물 날까 헛기침하며 손빗질만 해대는데
공원의 빨간 벽돌담은 헤어짐을 모르는 듯
서로를 앙 문 채 추풍낙엽 비를 맞고 있었어
이별 후에 공원은 텅 빈 터널 속 같아
발자국 소리는 크게 되돌아왔지만
커튼콜같은 빨간등의 기다림 따윈 없었어
그날 마로니에 은행잎은 슬픈 詩語로 뒹굴고
벤치에 앉은 모든 이는 슬픈 詩人이었지
이별했던 그날에
마로니에 바람은 유난히도 건조했고
무중력한 발길은 마른기침만이 위안이었어
공연장들의 매표소가 사랑과 배신을 팔고
골목마다 휘청이는 연인들은 서툰 삐에로같았지
커피숍 모짤트의 파란네온은 막 씻은 손처럼 차가워
들어서지 못하는 머리칼을 시리고 아프게 했고
뿌연 창가 그 빈 탁자에 목 꺾인 프리지아 한 송이

그리고 옷깃을 여미고 이별하던 그날과 이별을 하였어
선술집 왁자한 무명 희극인들의 술웃음소리

시월 아름답고도 쓸쓸한 그날 문밖의 찬별가였어.
그날 시월과의 이별…

장마

태산 하나를 다 태우고 긴 장마가 떠났다
목메던 하늘은 새파란 멍울인데
이제 서풍은 꽃물처럼 향긋하고
비로소 진한 녹옆들이 삶아 건 빨래처럼 정갈하다
막 뜬은 비누 같은 해는 눈부신 전라를 들어내고
간지렀던 탄천뚝 길 개나리 언제냐 듯
어느새 매미 막부림이 바스라지고 있다
가는 계절이 속절없다
멈추지 않는 강은 버들 같은 계절을 싣고
실날 같은 인생은 풀피리처럼 무심하다
장마는 떠난 적 없어 매양 오는 나그네
통곡 후 하늘은 파란 목 삼킴만 무성하다
긴 장마 후 태양은 뜨겁고
복풍올 적 떨어질 잎들이 못다 쓴 이정표로
무풍에 떨고 있다

시월에

국화 향은 바람에 날리고
시대 없이 찢어진 청바지의 자유는
일순 시월 하늘 청구름이 되었다
국화 향은 바람에 날리고
古今없이 낡은 운동화의 반향은
일순 시월들녘 노스탈쟈가 되었다
태양은 세 번째 키스처럼
입술에 달달이 엉글고
아무렇게나 풀어헤친 머리칼은
메타스콰야 아래서 반짝인다

바람은 국화 향에 날리고
키 작은 가로등의 커다란 눈은
일순 돌이킬 수 없는 시월이 되었다

봄

봄곶을 오르려니
꽃은 뱀 눈처럼 허리춤에 진저리다
봄은 그저 춘몽일걸
꽃무늬 손수건 가지에 걸려있고
곧 지고 말 꽃잎들에 옥반지 묻히었다

봄은 잎마다 요란하고
바람과 물은 서로를 탐하는데
곧 깨고 말 춘몽
떨어진 꽃잎에 물고기 흩어지고
파랑새 가지우에 물빛날개 퍼덕인다

시월에

시월에 숲은 잎의 난장이 찬연하고
근안의 모든 것이 서쪽 문을 향하는 듯 숙연하다
시간에 실린 예외 없는 생은
광고판의 현혹스런 카피처럼
한걸음 앞에 화사하고 유일한 몫이 있을 것 같아서
생은 그런 기대와 바램이란 속성이 있어
하루살이와 시한부에게도 절실한 내일 같은 것이어서
애초 정의 같은 것은 생에 대한 모독이다
시월의 날 좋은 오후쯤
서쪽 문을 지나는 구름은 좀 거만해도 좋아
시월 은행잎 마구 물들 때
벗어놓는 신발은 좀 찌늘었어도 좋아
해서 시월의 숲은 빈가지로 남는 허무까지 찬미롭고
지는 꽃의 눈물은 피어있던 때의 아름다운 회상임으로
이즘 시월 서쪽으로 가는 작별이란 모든 연례는
먼 길 돌아갈 이유가 없다

겨울밤에는

겨울밤은 오래된 부부처럼
더 이상 채울 것도 비워낼 것도 없어
긴 겨울밤 꽃문양 담요 한 장의 중량이
끌어당길 것도 끌어내릴 것도 없는 것처럼
밤별은 얼어 더욱 빛나고
밤기차는 떠남으로 한겨울 詩가 되고
문풍지 떨릴수록 더 여미는 기억의 단죄
겨울밤은 오래전 비워낸 관용의 잔처럼
더 기다릴 것도 더 다가갈 것도 없이
밤나무는 야위어 더욱 밤이 허기지고
긴 겨울밤 낡은 등 밑 펜 한 자루의 떨림이
보고프다 할 것도 잊었노라 할 것도 없이

媖秋

구름 비낀 달빛 밑
붉디붉은 잎사귀
그 아래 살 붉은 전라의 여인
실바람에 들키는 경련의 입술일제
면사포처럼 수줍은 설은 가을밤

신음하는 전라위로
붉은 잎의 몸사위
그 위에 음음한 철야의 달빛
마른가지 독백도 거나한 유혹일제
홍등가의 살내 같은 농한 가을밤

봄 끝에

꽃이 지어 봄이 가는가
빛바랜 꽃술에 눈물 고일지나
한 때 게이샤의 진한 향으로 코끝 붉혔던
그 기억에 눈 감으리…
봄이 지어 꽃이 가는가
빛바랜 봄 그늘에 옷깃 시릴지나
한 때 초야의 낯섦으로 귓불 적셨던
그 기억에 젖으오리…

봄은 꽃잎과 함께 손마디마디 치적이고
애써 떨군 잎 하나가 잔바람에 날리니
못내 못 다한 잔가지의 목마름이
목젖 가득 건조한 신음을 쏟을진데…
봄은 울고
꽃은 젖고
그 기억이 마르기전
별빛도 나뉘는 갈림섶에 앉아
새하얀 손수건을 섬섬 접으오리…

가을

친구의 말에서 가을 소리가 난다
딸이 가버려 집이 횅하네
소파 천갈이를 했어
내일 고구마 밭에나 갈까?

친구의 말에서 가을 냄새가 난다
오늘은 국화 심으려 분갈이를 했어
그리고 옷장 정리를 하고
스카프 다림질을 했어

그래 친구야 가을이야
모과는 샛노랗게 안달이고
할머니 꽃밭에 구절초가 한창이야
오늘은 매실액을 걸렀어

그리고 친구야
원고지 한 묶음 사놨어
땅 끝 섬 가는 기차를 타려고
한 며칠 시간되니?

이름2

초가을 밤 머리맡에 낡은 창

팔 괴고 바라보니 훈민정음 창살 틀

그 어릴 적 몽당연필 써보던 ㄱ, ㄴ

초가을 밤 세월 때 낀 굽은 燈

배 깔고 뒤적이는 누런 기억 장

그때 그적 써보는 그 이름 하나

다 좋아

가을날 바람은 수수해서 좋아
덥지도 않고 춥지도 않아
가을날 거리는 무던해서 좋아
걸으면 나뭇잎 뛰면 낙엽비
가을날 사랑은 밋밋해서 좋아
뜨겁지도 않고 차갑지도 않아
가을날 마음은 잔잔해서 좋아
무겁지도 않고 가볍지도 않게
가을날 친구는 민민해서 좋아
예쁘지도 않고 밉지도 않아

가을날이 좋은 건 다 좋기 때문이야
혹여 아쉬움도 가을이 채워줄 거야

소식

처마 끝 낙수는 초가을 소식
비와도 구름 뒤엔 아침이 있어
창틀 묶은 때는 지난 것의 비망록
지문 없는 비는 왔다 갈 뿐이어서
빈 빨랫줄 맺힌 물방울은 뉘인지
까마귀 한 마리 구름 가는 계단인가
가장 높은 난간에서 하늘에 닿을는지
지붕과 구름과 하늘서 나리는 비
지적도 없이도 골목마다 적시운다
가을로 가는 비 가로등에 걸리는 달

이별보고

봄 같은 이별을 하였다
실비에 떨어진 꽃잎처럼
어쩌다 멍하니
여름 같은 이별을 한다
매미울음 만큼이나 거친
격정의 다짐으로
가을 같은 이별을 해야지
하늘 끝 파라니 낮 달 드리울 때
시린 두 눈 꼭 감을 수 있도록
겨울 같은 이별은 어떨끼
쌓이는 눈처럼 가슴 뜨거울 때
지난 이별들 다 태울 수 있도록

아침이별

아침 정원에 이별이었다
미치도록 사랑했으므로
이별은 살 에이는 아픔이었다
헤지기로 하였으므로
아침 정원은 바람 하나 없이도
울어울어 멍든 잎을
뚝뚝 밀어내고 있었다

길

길이 있었다
당신이 있던 길이
이제 길은 마치 금간 와인 잔처럼
입술에 더 이상 닿지 않고
말을 잃은 길은 지난 말조차 메말라 있었다
한 때의 사랑과
한 때의 미움은 그리
환희와 상처를 대처하는 방황이 되었다

길이 있다
당신이 없는 길이
나 다시 갈 수 없는 그 길이
길은 마치 빗질 끝난 머리칼처럼
손끝에 더는 걸리지 않고
한 때의 열정과
한 때의 냉정은 그리
회한과 미숙에 대처하는 실연이 되었다

이별의 기쁨

그대 떠날 때 차가운 얼굴 하지마소, 바람도 찬데
나 또한 보낼 때 눈물 따위 없으리다, 손수건 없이
그러니 그대 떠나는 걸 흔하디흔한 이별이라 말고
나 또한 떠나는 길 마른꽃잎 봄 나비처럼 날려 드리리
이별은 백만 송이 마른 꽃, 한 때 사랑의 기쁨이었으므로

사모

빈 술잔에 들은 달이
어찌아니 붉을테고
바람뿐인 겨울가지
어찌아니 떨릴소냐
잔 눈마저 쓸려버린
빈 의자에 앉았자니
붉지 않고 떨리지 않는 건
사모가 아닐진데
붉지도 떨지도 않은 것은
밤보다 앙상한 밤 까마귀뿐이구나

까마귀

겨울은 산처럼 솟아있고
처마 끝 까마귀 먹물보다 검은 날개
얼어붙은 저 허공에 무엇을 쓸 것인가
텅 빈 벚가지 옆 사철 푸른 솔도
짧은 대낮 저 길마저 솟대처럼 앙상해
따라가지 못한 저 길 펑펑 눈 덮이면
상심의 검은 날개 무어라 쓸 것인가

맘멍울

잊었다 하나 가을 길에 같이 묻어 오더이다
외롭다 했으나 나뭇잎 물들면 가슴 뛰더이다
갈바람 타고서 은행알 송골송골 다투일적에
계시는 곳 몰라도 샛노리 타는 맘 전하오이다

그립다 했으나 가을비 올적에 묻히더이다
서럽다 했으나 국화향 날리면 옷깃 여미더이다
갈 공원 떨구인 잎 풀벌레 숨었을까 발길 거둘 때
계시는 곳 알아도 호숫빛 맘멍울이 접히더이다

어머니

사철 앞개울에 빨래 가시던 어머니
가을들녘 금물결 가르며
신선처럼 바람처럼 가시던 어머니
갈래머리 종알이며 망초꽃 아름따다
어머니 모시치마 허리춤에 꽂아주면
널어놓은 빨래보다 더 하얗게 눈부시게
논둑길 한가득 웃으시던 어머니

봄날 들녘에 나물캐던 어머니
봄 살보다 더 하얀 명주수건 두르시고
들바람 들풀처럼 하늘이던 어머니
꽃고무신 자박대며 검둥이랑 뛰놀새면
어느새 만드셨나 알록달록 꽃반지
엄마 하나 나 하나 열 손가락 채우고서
쑥 소쿠리 넘치게 웃으시던 어머니

작별

어머니 가시던 길
산야마저 적막해
눈서린 구비진 길
멈추지 않는 눈은 길을 지울 듯했다
새벽부터 성당 종소리는 소복처럼 처연했고
숲은 하얗게 설풍에 얼고 얼어
이른 달은 아픈 신음소리를 내고 있었다
겨울새 기척 없는 이른 아침 길
소리 없는 통곡만이 손수건 얼리고
동토 논밭 어드메 늙은 허수아비는 아직 서있는데
어머니는 새하얀 그 길을 깃털처럼 나리셨다
어머니 가시던 길
산야는 그림처럼 침묵했고
실선 같은 그 길은 어머니의 풀린 옷고름이었다
처량한 외기러기 어디 먼 길 가려는가
눈발서린 허공에 소리없이 울어울어
어머니 가시던 날
새하얀 버선 길 그 눈부셨던 작별

달빛 쬐는 밤 고양이 남풍이 그립다

달빛 쬐는 밤 고양이 남풍이 그립다

감나무 까치밥 탐스레 달렸지만

배고픈 고양이 침 삼켜도 그림떡

빈 가지엔 밤바람도 못내 숨죽이는데

야속한 조각구름 달빛에 왜 멈추나

새벽

새벽 다섯 시의 적막
도시 한가운데가 이렇게 조용하다니
달팽이관을 타고 한없이 대지를 뚫는 느낌
보자니 칠흑의 어둠
듣자니 두 귀에 금속성 쇳소리
감히 입은 열 수 없어 침묵은 본디 인간의 소리인가
도무지 깨어있는 것을 감지할 수 없는 심해의 아메바
물결의 그 미세한 진폭에 감전된 듯한 고요
초대장 없이도 아침은 올 것인가, 이 지경에
심심산중 정갈한 법석의 무아에 있는
새벽 다섯 시의 적막은, 마치
대도시 한가운데서 대책 없이 빨려가는
무중력한 블랙홀의 심박동 같은 것이었다

美冬 (미동)

동절기 산 그림자 새 한 마리 놀지 않고
구름마저 얼린 호수 깨질 듯한 물주름
하늘은 무심한 듯 산에 물에 천 겹 만리
되갈길 비추는가 북극성만 품고 있어
북극성은 아는지 유난히도 빛발하네

앙상한 나뭇가지 새 깃털만 남은 둥지
지난 가을 국화밭 주인 잃은 빨간꽃삽
연못 속 노닐었던 금붕어는 어데갔나
배고픈 밤 고양이 얼음 속을 들다보다
속사정을 봤는지 흑눈동자 허무하네

심야

깊어가는 겨울밤엔 어둠도 침묵하고
이런저런 기억들이 두서없이 나부댄다
유월의 죽순같이 파릇했던 청춘들은
못 이은 인연인줄 그 시절엔 몰랐었다
지금은 알 것 같은 사랑이란 모순인 걸
그래도 그 시절엔 순도백의 순수였다
겨울밤 기억들이 행복만은 아니어도
가만히 떠올리면 젊은 날의 베르테르
이런저런 기억들은 끊지 못할 뫼비우스

밤매화

품고 싶어 애간장타 샛노란 초승달
꽃 분내 날릴까 한량 끼도 거둔 바람
밤비오심 젖을새라 잔가지도 떠는데
정녕 모르는지,
새색시 속곳마냥 눈 시린 밤매화

同

마음이 허름하여 동지바람 쉬이든다
모과나무 빈가지가 동질동감 서글퍼
마른 잎 쓸어 모아 무덤처럼 덮어보니
말로는 못하여도 이불마냥 위안되어
헐벗은 번뇌마저 빈 가지에 거죽되네

초입

유유하는 구름도 나앉을 곳 찾을터
낯서리 올세라 꽃망울은 닫혔는데
겨울목 야물야물 잎사귀 떨구더니
실올 같던 가지들 구름이 내려앉네

재

블라인드 사이 꽁꽁 언 겨울창

차가운 달빛아래 더 휑한 겨울나무

그래도 가슴하나 꺼지지 않는 재

장다리 같은 겨울밤 애끓는 까닭

고드름

고드름 커가는 한겨울밤은
화로 불 연기에도 타지 않는 꿈
검둥이 달 보고 짖어대는 밤
사랑은 꿈에서도 키 크는 고드름

동지

긴긴 동짓밤 하얀 털신발이 달빛에 걷고 있다
해 저문 지 오랜 서천 새 바람도 잠들고
서두를 것 없는 겨울밤 길 그림자만 길다
눈은 쌓이지만 겨울밤을 다 덮을 순 없고
저 달이 만물을 다 태울 불꽃이 된데도
눈 속 깊이 언 검은 대지까지 닿을 순 없어
새하얀 겨울밤 굳어가는 노스탈자의 털신발
막바지 온기가 발 끝 긴 그림자에 이어져 있다

촛불

양초 하나에 감겨오는 고즈넉함

잠 못 드는 새벽녘까지 지루한 촛대

창은 밝아오고 차츰 바래지는 촛불

긴 밤 꼬박 말 한마디 못 건네서

못내 서운한 맘 밤새 생긴 연정

단어의 발견

그립다 편지에 쓰여지는 달

슬프다 서신엔 눈물 젖은 강

천년을 전후해도 직격의 단어

달이 없었다면

강이 없었다면

그립고 슬픈 것을 어찌 전했을까

그리운 것을 그립다 못하고

슬픈 것을 슬프다 못할 때

단어의 발견

달과 강

후~

사랑했던 마음은 담배 한 개비에 태우고

미워했던 마음은 술 한 잔에 비우고

사랑도 미움도 후회의 전초전

미련과 회한 그 불길 중에

사랑. 미움 따윈 한 모금 연기 한 모금 술

선잠

선잠에 깨어나서
물사발 돌이키고
잠들려 뒤척이며
잡생각 멈추려고
꾸던꿈 편집해서
꽃단장 해보는데
창너머 귀뚜리가
애절타 울어되네

삶

비속에 우는 매미

한밤중에 우는 매미

비오는 한밤중에 우는 매미

삶은 저리 목 놓아 우는 것

기꺼이

아침 오면 어디로 가는가
밥통 하나 들고 길바닥으로 사람 속으로
때때로 등 밀려 절뚝이며 가는 길
세치혀 현란함을 장전하고
아침 오면
밥통 하나 들고
젓가락의 쓸모를 쓰고자 어디든 간다
태양이 달구는 일용할 곡식들
그 두뇌는 발끝 촉수를 부리며
전도체 같은 길바닥 회로를 감지한다
아침 오면 아침의 전쟁
기꺼한 아짐의 싱십

비 오는데

비 오는데 하늘엔 구름 아닌 무엇이 있는가
나그네 쉬다간 잔가지 젖은 잎도 무거워
아주 먼 산등성이 수행묵언 고요하고
강가 외가리 떼 서로 기대 섧겠지
비 나릴 때 하늘은 아낌을 잊은 듯
먹구름 다 닳도록 쏟고 비워내니
그 자비에 놀랐나 새 한 마리 날지 않네

정도

사월에 비오고
길바닥 바람이 허허롭다
계절의 정도를 말하자니 일순 낙화 무색하고
봄비 정도를 말하자니 우산 끝 낙수가 무참하다
오는 비는 언제고 맞을 수 있으나
가슴 하나 다 젖는 건 가히 어렵고
계절은 매양 뜨건 숨처럼 나들지만
환복의 열정은 매번 다 타지 못한 불같은 것이었다
이리 생은 세상에 침화 되지 않는 부양하는 가벼움
발끝에 비가 정체 모호하다
사월 비 내리고
길바닥 딛고서 젖음의 정도에 서있어 본다
바람을 등지고

상당로

비가 꾸준하고 요란하다
비 올적에
마음에 쌓이는 비가 있다
나비처럼 나풀이던 상당로에서
키 큰 그 사람은 전봇대처럼 묵묵했었다
그런 날 밤과 비는 겨울과 젖은 길로
세상 어디에고 열린 영혼이었다

비에 모든 것이 젖고
뜨겁고자 하는 건 견딜 수 없다
젖은채로 추운채로
세상과 밤 모든 것이 수건처럼 건조할 뿐
새처럼 종알이던 무심로에서
긴 손가락 그 사람은 가위처럼 날선 이별이었다

비가 각성제처럼 또각거린다
비 사이 바람이 제 갈길 가는 소리
비가 무심하군
바람이 고집스럽군
창틀이 녹아날 듯 세찬 비
천장등 깨질 듯 깊은 비

수면제 삼키고 밤도 비도 잊는 게 낫겠다
대장간 망치질 같은 비
잠 깨면 이 불같은 잔치는 끝난 후려나

벽처럼 견고한 비
노래처럼 달달한 비
눈물만큼 뿌리 깊은 유구한 비
잊고자 하는 건 슬픈 기억의 식상일까
젖은 코트자락 치렁대던 터미널에서
차가운 심장인 그 사람은 세워주지 않는 빈 택시였다

별빛에 부서지다

시대의 거친 굴곡사를 겪었음에도
검은 것과 흰 것을 구별할 수 있고
밤하늘 별빛에 눈물겹다는
그래서 내게 온 삶에 감사하다는
남미가수 메르세데스의 노래
그래 밤공원에
스산한 바람 냄새 그득하니
내게 온 가을이 눈물겹다
반쪽자리 달그네
황금구름 걸친 것이
저리도 아름다운데
올려다 볼 수 있는 이 삶이 감사하다
시대는 언제나 불과 얼음의 쌍곡선
팽창하는 고뇌와 자아의 불협이 있다 해도
귀뚜리 노래하고
소나무 사철 푸른 강 길에서
몽환 같은 물안개에 젖을 수 있는
이런 삶이 내게 온 것에 감사하다
삶의 형태는 제각 다른 조약돌 같은 것

누구의 것이든 삶은 그에게 충실하다
혹여 폭우 속 오는 님 주저앉아
그 모양 남루하고 버거울지라도
사는 것이 곧 충실에 대한 소명이므로
별빛에 부서지는 눈물이 있는 한
이리 내게 온 삶에 감사하다

이 서늘함이 좋다

초겨울 하늘에서 쓰릿한 사모침 쏟아진다
비오면 다 녹아 눈물로 내릴 것
문을 나서는데 전신에 감기는 공기
이 차가움은 짜릿한 정신박해의 근간이다
사람은 허기짐으로 데카르트가 되고
이런 서늘함으로 길거리 첼로의 G선도 되어보고
이런 저릿함으로 노숙의 누더기도 걸쳐볼 건데
말짱한 운동화가 어찌 부끄럽다
잎들이 막 감은 머리칼처럼 날려
사정없이 가슴에 비수처럼 박힌다
이런 아픔을 넘어선 피하고 싶지 않은 통증
비어가는 나무가 주는 이 처절한 통증
오. 헨리의 마지막 잎새가 희망인가
질긴 잎 새 하나가 시한부의 연명이 된다면
마지막 잎 하나까지 떠나보낸 나무는
누구의 허무로 불려야 할까
사람은 본디 허무라는 정신적 상실을 내제한다
삶의 문턱은 환상의 오름 문이 아니고
검은 문의 빗장에서 작은 별빛하나를 갈구하는 것

하여 마지막 잎 새 후 닥칠 허무는 별빛 하나의
바램과 상실에 대한 소명이며 보은이 될 것이다
초겨울. 문 밖 모든 날(生)것은 울고 싶다
비 내리면 다 섞여 허물을 것
아직 다 닳지 않은 구두코에 낮별 하나 반짝인다

비온 후

밤새 빗자국 남은 아침이
새소리에 깨어나고 있다
해뜨기엔 아직 남은 비구름
물먹은 바람은 달리기가 무겁다
잡상인처럼 요란했던 꿈은
엉클어진 머리칼처럼 자욱만 어지러
깨어난 손바닥에 남은 것이 없다
젖어서 더 검은 까마귀는
물먹은 날갯짓이 무겁고
넘치는 수위에 덩달은 금붕어
지느러미만 허둥댄다
꿈이 뭐였더라
너른마당 빗질 끝난 정갈한 아침에
네모난 밥상에 수저를 놓듯
빈주머니와 젖은 날개와 허둥이는 붕어
빈주머니 채우고픈 꿈을 차려보는
이 사치스런 비온 후 아침

자각

발은 땅을 떠날 수 없고
강은 굽이짐을 마다할 수 없다
달빛은 취중 몽롱할 때 詩가 되고
바람은 흔들리는 모든 것에 있다
물결이 더디다면 모래 산이 있을 것이고
노을이 붉다면 태양의 통곡이 있었을터
근원과 겸허는 산다는 것의 양곡이다
삶은 나를 떠나지 않고
돌아오지 않는 강은 회한이란 자숙이다
달은 언제고 답안처럼 제자리에 있고
바람의 언저리엔 흔들리고픈 기억의 체증이 아려온다
막 깨어난 이린 새벽의 적막과 번뇌는
씻어도 털어도 취할 건 흙 뿐인 신짝처럼
잠시 후 이른 아침 물 한 컵의 시림을 수렴하게 한다
그리고 정갈히 놓여진 양말을 신는다

언덕

달이 건너갔는지
내가 건너왔는지
언덕을 돌아보면
조각 빛만 남아있네
쳐다만 보았는데
동굴처럼 황망해
채우지 못했어도
묵언의 울림은
살아있는 내내
마음껀 챗기였다
달빛이 내린 건지
내가 얼싸 안았는지
언덕을 오르자니
사랑니 같은 그 시절
잔서리에 깔려오네

죽은 詩의 산

산에
형형색색의 詩가 꺾이우고 찢기었다
유유자적의 詩가 찍히우고 갈라졌다
진주알 같던 골짝의 詩는 노래를 잃고
능선을 채 넘지 못한 詩는 곧 숨이 멎을 듯하다
짝짓기를 빼앗긴 詩들은 날개를 접은 채 앉을 줄 모르고
천년의 다듬질과
유구한 자연의 빚음길이
채 섭렵하지도 못한 계절의 빈목에서
점점이 아픈 詩語로 점멸되고 있었다

산에
詩가 죽고
詩가 죽어 詩를 가질 수 없는 詩人들이
자초를 모른 채 함께 죽어가고 있었다

허기

휴대폰
노트북
선풍기
전기 안마기
리모컨
양말 한 짝
머리핀
쿠션
강아지
굼벵이처럼 누워 뒹굴어도
손만 뻗음 닿는 이 많은 것들
찐 부자다
그런데 정작 뇌 통장이 헛헛해 덜컹인다
모래 씹은 듯 깔깔한 입
시집 한 권 없는 무지한 머리맡
별빛에 스미는 바람이란 감성은 죽고
나 하나의 사랑도 물 건너 간 헛소리
영혼이 홀쭉하고 말라빠진 짚풀 같은데
종이짝 같은 입술만 빈 깡통처럼 요란할 뿐
지금 옆에 이 많은 것들을 가지고도
어째 배는 낮에 먹은 쫄면처럼 볼품없다

강길

긴 강독 끝 모를 모랫길
맨발로 걷자니 쌀밥처럼 보드랍다
강물은 담 넘는 구렁이처럼 흘러
강자락 수초목에 굽이지다 흐르고
노 젖지 않아도 물구름에 둥둥 떠가는 배
수초만이 아는 저 물결의 깊이
해오라기 하얀 비상 물감을 뿌린 듯
물구름에 실린 뱃사공 유유하고
양귀비 눈 시린 다홍이 맨발에 물들어
걸어도 걸어도 끝 모를 강독 모랫길

이끼

비올 때는 비를 맞더라도
지난겨울 숨죽였던 이끼가 살아나길 기대합니다
파릇한 이끼는 보기 좋고 감촉도 좋아
강아지는 냄새 맡고 나는 만져봅니다
이끼는 가지도 없고 뿌리도 없어
바람이 와도 흔들리지 않고
비가와도 뽑힐 것 없습니다
향도 없어 묻을 것도 없습니다
그저 너무나 연약해 어떤 것에나 쉽게 밟힙니다
어찌나 여린지 어떤 것에나 순종합니다
그래도 이끼는 묵묵합니다
그저 비만 와주면 배부르지 않아도
근근히 숨 쉬며 살아갑니다
세상 무엇보다 파랗게 말이죠

모과

두 주먹만 한 모과 하나가
불 꺼진 방에서 달처럼 환하여
꽃향 하나 없는 머리맡에서
황금빛 발하며 미동도 없다
잠 못 들어 뒤척이다 눈 떠보니
머리칼에 모과향 가득 스며서
잠들면 어쩌나 모과향만 두고서

겨울은 사랑

문 열고 나가면 기다리고 있는 겨울
돌아오는 길 내내 따라오는 겨울
기다리고 있어줘서 고마운 겨울
따라와 줘서 더 고마운 겨울
사랑은 이렇게 기다려 주는 것
사랑은 이렇게 따라와 주는 것
문 밖에서도 문 안에서도 겨울은 사랑

사막

사막을 걸을 땐 노래하지 마세
발길 흥겨울 땐 모래는 흩어진다네
사막 걸을 때는 하늘 보지 마세
낮달은 너무 높아 나침반이 못 된다네
돌아서면 돌아간다 생각하지만
주머니 콩 한줌을 믿지만 마세
발자국 남기지 못하면 돌아갈 길 없다네

맞아

속절없는 세월엔
속절없이 사는 게 좋다
달빛은 만인에게 공평하고
공평 또한 속절없으니
미리 빈손으로 사는 生
이 얼마나 속절없는 풍요인가

가는 사람은
가시는 게 좋다
이별은 만인에게 공평하고
공평 또한 따질 수 없으니
앞서 빈 넋으로 사는 生
이 얼마나 시비 없는 풍요인가

때론 바보

아침이 왔을 뿐인데
세상이 너무 크다
어디를 봐야할지
어디를 가야할지
그냥 포트물만 끓인다
이렇게 공허한데
찻물이 뜨거워 다행이다
아침이 왔을 뿐인데
세상이 너무 넓다
어디를 밟아야할지
어디를 찢어야할지
찢진 하나 달랑 들고

그때 중2병

돈포겟투리멤버
영어 교과서를 세워놓고 수업시간 쓰는 한글팝송
15살 풀잎처럼 이슬 먹고 푸르기만 하여서
추억이 뭔지 눈물과 이별이 뭔지
사랑이란 건 더더욱 뭔지
그런데 그 노래는 왜 그렇게 심적 에밀레였는지
로빈. 깁의 목소리는 어찌 그리 전신에 저려왔는지
그 노랫말은 왜 그리 당면한 나의 길 같았는지
돈포겟투리멤버마이러브~
연필 끝을 타는 팝송가사에 심취한 15살
그때. 23번 일어나 이어서 읽어봐_
네~비지스의 로빈. 깁_입니다
오줌 지리게 웃는 반 친구들
출석부로 뒤통수 한 대 맞고
방과 후 청소 벌점 되어서도
밀대걸레 세워들고 세상 다 잃은 듯 15살적 그때
~돈포겟투리멤버마이러브~

중도

달이 어디에 있든
하늘은 제자리이듯
머리 돌려 어디를 보아도
발은 아래에서
땅을 딛고 있다
허리춤은 중간에서
굽혀도 제쳐도 중립이라
일자목하고 앞을 보니
세상 오든 것은 내 눈높이이고
내 키를 벗어난 것을 욕심낼 것도
올려보려 까치발 할 것도 없었다
달은 길어지년 그림자민 장단이고
머리도 발도 없이
자유로운 나뭇잎만 눈앞을 가린다

응급실

응급실의 시계는 느리다 못해 멈춘 듯
수액방울은 떨어짐을 곡해한 듯 맺힘에 가깝고
통증에 울부짖는 환자 앞에 마냥 기계적인 의료진
응급실서 앉지도 눕지도 못하는 제도적인 고충
꼬박 밤샐 기세인 굼벵이 같은 평화로운 매뉴얼들
새하얀 벽들. 더 하얀 전등. 창백한 환자들
응급이라는 공통분모가 있어도 분자로 나뉘는 차등두기
고통과 절박 앞에서 두부 잘리듯 나뉘는 비정의 규칙
응급실은 해지지 않는 백야의 섬
무지개 일곱 색의 사각지대
牲과 死가 자갈처럼 부대껴도
生과 死가 大事이지도 特事이지도 않은
소리 없는 비명과 의학 메카니즘만이 철저한
그래서 가장 인간적인 제 3의 절대권역이다
응급실의 시계는 느리고도 빠른 매우 상대적인 관점이고
수액 한 방울의 구원이 절실한 인큐베이터이다

아버지와 뜨물

초저녁잠이 유독 많던 유년기에
저녁 밥상에서 꾸벅꾸벅 졸곤 했다
아이고, 우리 꼼배 자빠지겠다-
덥석 품으로 안아주던 아버지
-애들은 잘자야 쑥쑥 큰다-
설 잠든 눈으로 올려다본 아버지
아버지 수저등에 맺혔던 뜨물 한 방울

이제 반 백세를 훌쩍 넘은 꼼배는
뽀얀 쌀뜨물에 손 담그고
-애들은 잘자야 쑥쑥 큰다-

손등에 흘려보는 뜨물 한 방울

※ 꼼배: 짱구의 경상도 방언

피맛골

키 작은 패랭이 같기도
붉은 광장 탱고 같기도
내리는 눈덩이를 지붕삼은
피맛골의 한 시절은 꾹자할매의 연탄집게가 바빠질 때
골목은 분주해지기 시작하였다
누런 양은 주전자 옆 찻잔에 손을 녹이며
연탄화로 위 오그라드는 고등어살집은 그때 청춘의 이질이었고
두꺼비 소주잔에 젖는 개비담배의 연기는
그때 청춘의 동질이었다
골목 가득 구공탄의 분신은
생을 쫓는 모모의 시계바늘이었을까
험한 세상 다리가 되지못한 젊음의 부끄럼이던가
그렇게 동지밤 더 뜨거웠던 한겨울 피맛골은 웃음도 울분도
빈 소주잔을 채우던 낭만 또는
방종이 운집하던 이십대의 철학이었다
날카로운 밤바람은 무협지 칼날 같은 정의였고
깨질 듯 투명한 겨울별 무리는 시대의 아픔에 저항하는
젊은 군상들의 외침이었다

캠퍼스와 헌책방. 학점과 토론. 미래와 진로
이런 정제된 단어들은
젊음의 순결한 아우성을 답습 된
관념에 가두는 예쁜 포장지일 뿐
꾹자할매 연탄집게와 고등어 껍질이 식어갈 때 화로의 잔불은
청춘의 우정과 겨정 고뇌의 점멸등이기도 하였다
남루한 코트를 걸쳤어도
우린 모두 누군가의 아드린느였고
빈 주머니였어도 그 시절 우리는 청계고가를 질주하는
청년 태일의 진혼이기도 하였다
그렇게 피맛골의 지붕은 언제나 때론 청소된 환기구처럼
가슴의 숨통이기도 섦은 이빙인들의
목메는 사모곡이기도 하였다
꾹자할매가 앞치마를 벗는다
흘러버린 시대의 정돈된 옛골에서 늙은 목선이 삐걱인다
그 시절 비닐우산 널브러진 버스정류장을 떠났던 친구들
그때의 막차는 지금 오고 있는지…

지야네 세탁소

이건 세탁하고
이건 수선해주세요다
말도 없고 표정도 박제된 듯 무뚝뚝한 아저씨
반가워할 것 없고
안된달 것도 없이
-며칠 있다 오세요-
며칠은 화살을 타도 아저씨의 단위는 최소 열흘
거짓말에다 말뚝 같은 태도에도
매번 -네- 하는 길들여진 동네주민들
간신히 열흘 후 세탁소 문전
그러나 열에 다섯 번은
-내일 오세요-
-아직 안 됐는데-
너무도 당당한 보너스 열흘의 당첨확률 오십프로
이 자비로움에 익숙한 동네주민들
어쩌다 현관문에 걸려있는 세탁물
-아저씨 세탁비 왜 안 받아 가셨어요?-
-바빠서 그냥 왔어 주든 말든 알아서햐-
매정하기 막차 문짝 같은 아저씨

학교회장 됐다는 손주 바보 아저씨
이사 가서도 찾아온다며 은근 자뻑 날리시는 아저씨
세탁물 남은 얼룩 하나쯤 따질깜도 못 되지만
치마 바지 칼주름 현란한 다림질로
동네 세탁물 평정하신 일방통 아저씨
담배 피다 혼나고 허허 웃으시는 착한 아저씨
세탁물 들고서 내일인 듯 열흘을 기약하러 갔다
아저씨 배달하다 사고로 다쳤단다
동네 병원에 입원했다는데
집가는 길에 잠깐 들러봐야겠다

집

기억의 퇴적층
그 맨 아래 기억 모든 것의 무게를 지고
그래도 실개천처럼 살아있는 것
아주 유년 시절 나의 세상이었던 집
넓은 마당과 우물 그리고 소박한 기와집
그 집 담벼락엔 아버지의 구전야화
그 집 하늘엔 눈부신 빨래. 참새 떼들 지저귐
그 집 마당엔 공기놀이 고무줄놀이. 사방치기
덩달아 뛰는 누렁이가 있었다
새벽달 기울쯤 울어대던 암탉
진달래꽃 마름질한 문풍지
동백기름 먹어 반질대던 마루
주춧돌에 나란하던 검정 하양 고무신들
부뚜막 아궁이 앞 웅크린 얼룩 고양이
오동나무 찬장 속 福자 새겨진 밥그릇들
부엌 그을린 벽에 걸려있던 엄마의 나물 소쿠리
조약돌 같은 기억들이 바지락거린다
비 오는 날 처마 밑에 웅크려 듣던 물풍금 소리
눈 내리면 집 건너 산야는 분칠하는 큰 도화
그 시절의 사암 부서지고 사라지는 모래층사이
실타래처럼 이어지는 유년의 기억이 있다

주왕산

장군봉 올라 지팡이 꽂으니
지친 숨에 용폭포 천락수구나
모자 벗고 앉아 좌우 두르는데
주목에 앉은 새는 나를 뜻이 없고
열없이 핀 꽃들은 질 생각이 없다
주왕산 능선이 천수 품은 손금이라
그저 온 나그네도 돌아갈 뜻 없는데
어찌 새도 꽃도 떠날 까닭 있겠나

예쁜 것만 주목받는 것은 아니다

단지 내 모과나무가 있다
누리한 잎들이 내 나이가 어때서냐는
유행 가사처럼 음박자 각각 펄럭인다
그들에 힘입어 청일점으로 버티는 모과 한 알
아이로 말하면 그믐밤 떡두꺼비요
알로 말하면 전례 속 오리의 황금알이요
달로 말하면 일식 날 블루문이요
남편으로 말하자면 일등급 有錢無食이고
불가로 치자면 황금달마의 오복 배만한 모과
그런 모과 한 알이 가을 지나 입동건너
오늘까지 난데없는 구애를 한 몸에 받고 있다
오는 이 가는 이 어린아이 방문객들까지도
우물 두레박 끌리듯 올려다보는 모과 한 알
오일장 난전에서 과일가게 노전에서
못생겨도 향은 좋아–라는 긴 이름표를 달고
빨간 소쿠리째 이저리 푸대접받는 모과
못난이 메주 아귀에 트리플세트 울퉁이 모과
그런 모과 한 알이 나무 꼭대기에 떡하니 매달려
오만인의 관심과 시선을 강탈하고 있으니

사뭇 건조무미한날에 불난 듯한 광경이다
욕하며 보는 주말극처럼
로또는 꿈이라면서도 긁는 요행심처럼
모든 구애자들의 심리는 별반 다르지 않겠지
저것이 혹여 내 손에 떨어지려나
오늘도 몇 안 남은 마른 잎을 후궁처럼 거느리고
유아독존 모과 한 알 높은 곳 용상에 앉아있으니
분리수거, 외출 겸겸 목운동 삼매경인 지상인들
이게 곧 견물생심 실사판이 아니겠는지

예쁘지 않아도 주목받는 것이 있다

성질

사람들에 부딪혀
겨울이 분자화 되어 먼지처럼 인다
냉기에 작용하는
따듯한 차 한 잔의 필요성
눈 시린 설경에 반작용하는
냉철한 사고의 허비성
겨울이 거세다 해도
바다는 멈추지 않고
결빙의 길 위에서도
기억의 난무가 잔기침 같아
잔술집 왁자한 빛 아래
홀씨 같은 겨울의 경량성
무뎌진 펜촉이 녹슬었어도
눈 쌓인 창틀의 오래된 의연성
그리고
겨울은 잠 못 드는 별을 사랑하노마
언어질감에 휘적대는
무명시인과 백지의 이질성

사람들의 입술에
겨울이 뿌연 연무처럼 기체화 된다
돌아서던 모든 것에 서러워
귓전을 틀어막고 외면하던
그 겨울의 쇠락성
겨울은 다시 바람을 몰고
바늘 끝처럼 날카로운 머리칼을 빗는
이 뜨거운 체감성

태를지

태를지 대평원에 점 하나로 서다
점 하나쯤 날릴 일도
점 하나 쯤 밟힐 일도
하늘 길 날아와 점 하나로 찍히다
점 하나로 달리고파 흙토마를 탔으나
말발굽은 무중력의 바람이었어
점 하나로 박히고파 죽은 듯 누웠으나
죽은 것은 말초적 욕망이었어
쏟아지는 별은 점 하나에도 빛나고
기염하는 눈은 점 하나에도 빛나고
징키스칸의 탯줄 드붉은 전사의 땅
숨쉴 일 없는 점 하나
입질 하릴없는 점 하나
발작을 만끽하는 점 하나
태를지 대평원에 서다

선창

몰아치는 폭풍우는 어부를 일으킨다
너가 왔나 내가 간다 닻올리는 어부歌
선창가 고동소리 산중범의 포효 같아
파도는 거칠수록 뱃머리는 요동치고
작렬하는 파도포말 운집하는 물고기
구릿빛 경동맥이 비바람에 맞짱이다
비린내 진동하는 부둣가의 갈매기 떼
막걸리 거나할 때 세상없는 인간적인
파도지친 밤바다에 눈 밝히는 집어등
선창가에 노랫소리 애환 젖은 어부歌

차마고도2

거친 눈보라 산허리를 휘돌고
폭포수 파편이 안개처럼 자욱하다
깎아지른 천리절벽 흰목수리만 자유로워
한 뼘 잔도 걷는 마방 방울소리 애달프다
천년거죽 바위는 거칠고 계곡은 골 깊어
세월입어 고된 것 또한 굽은 등과 금간 말굽
말도 낮달도 쉬어가는 흙 바림 이는 굽진 고도
차 한 잔 따르자니 구름 먼저 나앉는 길
흰목수리 날갯짓에 깨어나는 무한허공
가다가 멎다가 시려오는 시력의 통증
차마고도. 그 아름다운 천년의 회귀

하얼빈

하얼빈 영하 삼십팔도가
활웅들의 칼날 같고
검독수리 발톱 같다
이런 추위의 체감은 가히 매혹적이어서
하얼빈 영하 삼십팔도
송하 강 숭어 수면 위 고통 없는 심정지
손난로가 무용한 극한의 추위
백두산 호랑이의 포효에 가슴까지 얼어붙는
하얼빈 이 매혹적 天氣
귀 하나쯤 동사해도 좋아
불구덩이보다 더 뜨거운 전욕의 쾌감
하얼빈 역 막차 기적이 울리고
밤 내 하늘로 쏘아지는 불꽃과 폭음
그때 하얼빈 역 독립투사의 총구는
활화 같은 동포애로 점철된 타국의 별
그리운 님. 동토 한가운데지지 않는 별
하얼빈 영하 삼십팔도
송하강의 거대 투명한 빙석은
티 한 점 숨길 수 없는 자화상 그 고해.
하얼빈 그 극한의 땅에 심장을 얼리다.

운길산

운길산에 오르니
길은 동면 드는 뱀 등처럼 거칠고
산은 하늘만큼 더 높아 있다
아직 여름을 떨구지 못한 등어리에
열대야 같은 보온병을 매달고
그리 보니 언제나 눈꽃을 몰이하려나
세기의 벽을 넘나드는 바람은 그래서
종부의 손등 같은 노송의 껍질을 보라하는지
여름이 다 갈수록 솔잎은 푸르고
겨울이 다 올수록 가지는 거친 열병일 때
땅속 근원은 이미 여름을 잉태 할 테지
바람은 언제나 눈보라를 몰이하려나
옮기는 발목 가득 여름날의 영광과 상처들이
독백처럼 차고 독주처럼 달다
마음을 비우지 못해 산길이 거친가
사랑을 버리지 못해 산이 하늘보다 높았는가
애증이 적벽 같아 맞보며 마구 작아졌는가
산 다람쥐 긴 꼬리 춤 늙은 잎을 떨구네
바람은 언제나 수종사 대 뜨락에 나리시려나
멈추는 걸음 앞에 산 그림자 드리는데,

강남구청

강남구청에서 강남구청을 보다
지루하고 서늘한 창가에 낮 등이 졸고
가을꽃은 비어가는 나무아래
막 부림이 힘겹다
휙~바람 없는 바람에
가슴이 서늘하다
滿車를 알리는 빨간 전등판
차단기 앞에서 돌아가지 못하는
저 차는 누구일까
주차구역 귀퉁이
마른나무 그림자인가 브라운 스웨터
그 신기루는 일순간 사라시고
휙~바람 없는 바람결에
머리칼이 서늘하다
차단기 앞에서 닫히는 차창
강남구청에서 강남구청을 떠나다

라스베가스를 떠나며…

휘황한 네온으로 호사스런 밤 도시
빗물처럼 끈적이는 진한키스의 잿빛 뒷골목
작열하는 태양의 사막에서 긴 옷을 걸치고
몰아치는 폭풍 속에서 참았던 울음을 토하듯
꿈인 듯 아스라한 사막의 신기루 앞에서
도시 라스베가스는 치장의 옷을 입는다
환락과 절망의 도시 라스베가스
대낮에 난무하는 세드엔딩의 질주는 심장을 뛰게 하고
눈 어지런 점멸등아래 밤벌레처럼 긴 더듬이를 세운
충혈 된 눈들은 밤과 새벽의 경계를 모호하게 해
낮은 뜨겁고 그보다 뜨거운 밤의 도시 라스베가스
케니지의 색스폰은 낮게 부는 바람마저 휘청이게해
hotel 그 erotic한 간판에 부데끼고 있었다
종교서의 인간금욕이 제어되지 않는 도시 라스베가스
탐욕과 정열과 사랑과 배신의
정오의 태양마저 삼킬 듯한 도시
그 언제 적 마른 바람만이 모래언덕의 꿈이었을까
클럽 플라밍고 저 빨간 손톱의 담배연기는
누구를 향해있는가

잠들지 않아도 잠들고 싶지 않은
모든 것은 벌거벗은 본연의 군상이 되어있는
거짓과 이별이 레드벨벳처럼 아름다운 도시

라스베가스를 떠나며…

바이칼

미확인의 전설 푸른 늑대의 눈인가
시지프스의 죄와 벌인가
빅뱅의 실현 하늘이 내려 앉아있다
웅대한 알타이의 정맥인가
그림하일드의 거울인가
구름조차 티끌인 눈 시린 바이칼
넓고 무한한 물의 포물선에서
想力이 멈추는 영혼의 사각지대
바이칼의 怒함인가 저 에메랄드 빛은
바이칼의 욕심인가 저 무한의 저수는
담근 발을 거두고 서니
일몰의 선홍빛 각혈에 현기증이 인다
두 손바닥이 있어 다행이다
차라리 두 눈을 가릴 수 있어서
알타이의 정맥은 난기류의 철새처럼 창백하고
낮달마저 적나라한 바이칼에서
회귀할 곳 없는 남루한 영혼은
지금 돌아갈 곳 없는 孤人이 되었다

태항산

태항산 올랐더니 인생 한때 한낮 초침이더라
흔적 없이 날아갈 먼지 한 톨 잔풍에도 떨리워
돌아갈 맘 간절한데 길 잃어도 太山이 좋지 않겠나
천고의 태항산에서 서두는 것은 속세의 경망함
달을 보니 어제의 것이고 구름도 둥둥 산마루에 누웠는데
태항산의 깨침은 무엇을 덮으려 거죽을 걸쳤더냐

걸음으로 잴 수 없는 태항산 휘도는 천리 잔도길
걷는 둥 젖는 둥 휘휘 천 조각 같이 가는 사람이여
무릇 계절감도 잃었는데 넋 놓아도 太山이 좋지 않겠나
萬世의 태힝신시 정좌 히러는 것은 속세이 교만함
지는 해 산중턱을 마다 않고 봉황도 짝 잃으면 울어대는 걸
태항산 천년송도 어찌 잣대처럼 곧기만 하겠는가

안데스의 제왕

안데스 붉은 바위산
잉카의 그림자
황금빛 발도장 신비스헌 퓨마가 산다
맞풍의 포복은 사냥감의 코를 멀게 하고
단 한 번의 도약에 살아남는 급소는 없다
독찬을 즐기는 여유는 안데스 제왕의 권력이다
만찬 후 부스러기는 그 영역에 대한 절대 경고이다
전리품을 노리는 콘도르의 부리가 정지비행을 적선한 채
유유히 떠나는 걸음은 마치
승자의 면류관처럼 고독하기까지 하다
안데스 붉은 적벽에 흐르며 그 위용을 숭배한다
잉카 그 전설의 땅을 지배하는 아름답기 더 없는 제왕 퓨마
태양과의 밀접인가 그 두 눈을 잇는 검은 눈물선
신성하고 아름다운 안데스의 야생 퓨마
지구의 존망과 진정 영원하기를
안데스 그 타는 전설의 땅 눈부신 퓨마가 산다

설악산

눈 나릴 때 설악산 설경 한 폭은
하얀 앞치마 두르셨던 어머니 같아
북풍 불어도 단단한 청솔가지는
쪽머리 정갈히 꽂으신 어머니의 은비녀
눈 덮혀 속 깊은 설악산 능골은
언제라도 안기던 젖내 달던 어머니 품
차오르는 숨 대청봉 상고대는
눈길 바삐 내게 오시던 어머니 버선발
돌아오다 서운한 맘 뒤돌아보면
선녀탕 쌓인 눈 속 묻힌 어머니 흰 고무신
장대한 설악산에 소박한 어머니 여생이 담겨
눈살 세찰수록 너무나 먹먹한 모성의 굴레
멎을 듯 가는 심심산중 세월의 숨소리는
산야 달빛만큼 소복한 어머니 눈 무덤
눈 나리는 설악산을 오르는 것은
어머니 살아 실적 모정. 그 사무침 때문에

부암동

북악산 올라 부암동 내려보니
따개비 지붕들이 세월에 늙어있네
긴 세월 견디면서 쥔장 몇을 보냈을꼬
쪼개진 기와들이 인고의 주름이다
하늘은 묵언이고 구름은 수행이라
북악산 구비마다 청송은 불멸인데
그 옛날 도읍지는 전설로도 간데없다

길상사

길상사 옛 이름은 대원각이었다네
산허리 은둔한 요정 꽃분냄새 진동하여
당대미색 찾아 호색가 발길 번잡하던 곳
시국은 서슬퍼래 하수상하고
시대는 탈 보릿고개 교육현장 합독였고
밤이면 밀실정치 낭루마다 주색이라
그렇게 한 시대를 풍미한 암막요정 대원각
옥루는 잡풀에 묻혀 달빛에 스산한데
비단치마 쓸던 소리 영망과 다름없다
길상사에 귀의하여 법정 입가 하더니
무소유를 소유하다 심의한 열반에 드셨다

북악산 산골짜기 옛 물길 올리 없고
길상사 일주문은 작금의 문답이다

마로니에

마로니에 붉은 잎 하나가 있다
그 해 오월 물오른 플라타나스 아래
아픔이 아픔만이 아님을 알았고
어느 해인가 얼어붙은 낮 달 아래서
아픔이 곧 아픔임도 알았었다
마로니에 다시 결 바람이 불고
찢겨진 공연표가 이별처럼 나부낀다
이제 갖고픈 아픔이 미련일 때
서둘러 떠나는 버스 뒷 창에 저 사람은 누구일까…

학림의 커피는 지금도 비창의 건반에서 뜨거운데
마로니에 붉은 잎 하나가 낮 달 아래 서있다

오래된 정원

바람아 불어라
잎 떠나보내게
소낙비 나려라
가지 떠나가게
보내기 싫어서
떠나지 못해서
예외 없는 목록
메양 오는 이별
처음 같은 상심
늙은 의자 위에
남루한 중절모
오래된 정원에
할애되는 달빛
모든 걸 주고도
모든 걸 뺏긴 듯
오래된 정원에
밤 서리 모질다

목욕탕

뚝…땀방울 하나가 입술로 떨어진다
모르는 채 눈감고 …짜다
물속에서도 삶은 짜다
툭툭 수신호에 좌로 우로
간수마저 빠진 고등어살 같은 몸둥이를 뒹굴인다
물속에서도 삶은 꿈틀인다
뿌연 연무 가득한 오래된 목욕탕
탈지유 같은 여자들의 뱃가죽이 때 낀 타일 벽에
마치 여진처럼 철석인다
물속에서도 삶은 질경이처럼 질기다
낼 모래면 색싯감 데리고 아들이 온다며
콧평수 벌렁이는 여자
때밀이 조선족 그녀의 젖가슴이 이마에 닿을 듯 철렁인다
붉은 달거리가 그녀의 가랑이를 타고 흐른다
물속에서도 삶은 물일 수 없는 선혈이었다
고등어 살점같이 익은 두 손을 닦으며
아들아…그 색시는 뭘 잘 먹는다니
조선족 그 여자는 신분상 신용카드를 갖지 못 한다 하였다
물속에서도 삶은 회석되지 않는 이단이었다

동호대교

찬란한 아침
그의 페르소나 태양이 빛나고
어제와 단칠 지 못한 강은 긴꼬리를 남기고 있다
오직 내 곁에 있어주오~
이런 가사의 노래는 그의 젖은 머리칼을 달구고
하얀 추월선은 그로하여 펜 끝처럼 자유롭다
동호대교
이륜차가 뱀 눈처럼 그를 가른다
파란 버스가 암탉처럼 그 앞에서 도도하다
지하철 3호선의 거대한 포효가 바람마저 압도할 때
그가 휘청인다
다가오지만 영원하지 않는 그
한 방향의 저 뜨거운 군상들은 어디까지 그와 함께일까
찬란한 아침
오직 내 곁에 있어주지 못해
그 와의 전율은 정해진 길을 벗어날 쯤
바램과 미련을 양류 하는 매번의 이별 같은 것이었다
살아가며 이별하며
동호대교
그 붉은 철로 위 검은 새 하나 그 끝에서 더 붉다

눈 표범

세계의 지붕 파미르 고산에 눈 표범이 산다
거대한 몸도 아닌
무시한 포효도 없이
신의 땅 히말라야를 밟고 눈 표범이 산다
소리 없이 외로이 성스럽게
오직 허락하는 건 거친 눈바람뿐
파미르 가장 험난 건조한 곳에서
하늘빛 고스란히 담은 푸른 눈을 하고
신선처럼 月影처럼 눈 표범이 산다
총구마저도 그를 겨누지 않는 경배의 대상
마르코폴로의 위대한 경외
그 그림자만으로도 모든 야생의 숨이 멎을 때
고독한 그의 독주는 파미르를 호령한다
구름 등진 민 독수리의 비상이 그를 내려 보지만
극한 눈보라의 호위에 녹아드는
신비한 그 동체는 무엇에도 쉬이 허락되지 않는다
너무도 아름다워 가슴 아린 히말라야의 제왕
땅에 닿을 듯 긴꼬리를 휘장처럼 끌며
가장 높고 거친 곳 파미르 제단에 올라
가히 범접할 수 없는 신화의 실세로
아름다운 심장 표범이 산다

오서산

오서산 상고대 왕희지 필방인가
밤새 쌓인 눈은 발목을 삼켜
산새마저 동면산중 고립무원에
눈 밟히는 소리만 자아의 자각
오서산 대간 일필휘지 눈붓질

겐지스

바라나시의 뜨겁고 붉은 꽃은
마르지 않는 겐지스의 윤회인가
가는 모든 것의 까닭을 싣고
영원의 강은 흐름이 무구하다
영혼을 보낸 육신은 가벼운가
육신을 떠난 영혼은 자유로운가
저 작렬하는 불꽃 속에
눈 감고서야 누운 영욕들
겐지스에 뜬 저 낮 달은 아는가
전생에 작별인사는 하고 가는지
식지 않는 저 불꽃은 아는가
다시 오마 하고 돌아보며 갔는지
일엽편주는 아는가
겐지스의 윤회를 바라는지

피라미드

정신이 정상인데
자꾸 정신을 잃는다
정신 지푸라기 잡고 보면
눈앞에 어마한 돌 벽이 턱!
베를린 장벽 무너진 지 언젠데 말이다
가려는 정신자락 다잡고 보니
눈앞에 거대한 삼각뿔들이 떡!
삼각뿔부피 공식 배운지가 언젠데 말이다
눈에 보이는 건 그냥 보는 것으로 끝
왜? 설마... 를 거치는 의구. 의문은
바람 앞에 촛불마냥 구사회생 하여
지적혼란과 정신풍화의 부작용 을 초래 한다
적어도 기자의 피라미드前에선
정신가출. 정서빈곤. 정반논리. 감정소모
그마저 바닥나기 전 낙타 꽁무니 먼지에 섞여
지극 현타적인 정신세계로 돌아와야 한다
그곳 피라미드에서 정신이 아프다

붓다루트

붓다에 대하여 가상 허상 가설
전설 추측.. 이런 머릿속 막연한의 구들이
그곳에서 진실존으로 깨달아짐에
찰나의 이 중생이 참으로 헛헛하였다
하여.. 바램 욕망 집착 약속.. 인연
이런 본능적 갈구들에서
자유롭지 못한 한낮 먼지 같은 삶이
또한 눅눅하기도 하였다
한때 찬연했던 붓다루트의 영광은
오늘날 역사서의 가르침으로 전해질뿐이어
듬듬이 가부좌와 합장의 절절함에 감정의
이중성을 느끼나 여전히 불변의 날은 밝고
우리네 사는 것은 곧 그날서 이어온 현실임이 성불이다
그곳에서 부처님의 태어나심에 사랑과 배품을
부처님의 가르침에 배려와 측은을
부처님 열반하심에 허무와 비움을..
답습하면서 뜻하지 않았던 길 위의 동행들이
붓다의 영광과 함께 맘 한켠 헛헛하다
마음중과 눈 중에 심겨진 일정의 모든 것

오늘날 붓다로드에서 행복하였다
흔들리는 건 바람도 깃발도 아닌 사람의 마음
마음의 흔들림은 생각의 파산을 낳고
파산의 나열은 결국 사람의 터에 사람을 가둔다
오늘 붓다루트에서의 화두와 득은 사람이었을지
라. 마. 스. 떼.

페트라

붉은흙화 유구해서 나는 새도 붉디붉어
강렬한 태양마저 그곳에선 꽃밭꽃일뿐
먼지 이는 발길들은 천 년 전의 회심인가
끝 모를 수로에선 물박소리 들릴듯하고
배두인의 유랑봇짐 그 영광의 물림인가
감히 말하는 것은 세치혀의 광욕이고
감히 그린다는 것은 저 흙화의 모독일 것
그저 숨만 달고 울음의 순장조차 영광이어
말발굽 소리만이 오직 천공에 허락된 곳

그곳 페트라.

华山

죽자사자 오른华山
기를쓰고 올랐으니
빈손으로 갈순없지
돌아보니 온통돌산
잔나비도 놀수없이
드문드문 푸르른솔
제갈량의 초막인가
꼭대기에 암자하나
마니차의 가르침이
색불이공 공즉시색
华山우에 내가있고.
华山우에 내가없고
부질없는 헛생헛사
합장하고 나서는데
무색무취 풍경소리
내려가라 환송하네
죽자사자 오른华山
이만하면 내림길에
얻어가는 만손이네

박동규 시평

인간의 본원적 삶과 현실 사이

인간의 본원적 삶과 현실 사이

박동규 (서울대 명예교수, 문학평론가)

이혜영 시인에 대한 나의 첫인상은 스포티한 간편한 차림으로 소박하고 털털해 보였다. 그러다가 2014년도에 『심상』 신인상을 받아 작품을 발표하면서 그의 시편들을 대하니 그가 시적 대상을 해독하는 방식이 그만의 개성적 성향으로 해서 그만의 개체적 가치관이 두드러지게 드러나고 있다는 점을 알게 되었다. 그가 품고 있는 시 정신을 구현하고자 하는 고집을 형상하고 있는 듯이 느껴졌다. 특히 그의 중심된 관심은 개체적 생명의 특성을 그대로 살려가며 살고 싶어 하고, 이를 통해서 얻은 그만의 감성적 조응을 시의 대상으로 주요 내용을 하고 있는 것이다. 그와는 긴 이야기를 나눌 기회가 없었지만 그는 항상 그만의 분위기를 가지고 있고, 그가 말하고자 하는 것이 뚜렷하다는 것을 알게 되었다. 그러기에 나는 그의 시편들을 시론적 배경으로 바라보기 보다는 그의 시를 독해한다는 선명한 방법으로 다가가려고 한다.

1. 자연과 인간과의 상관 중심

이혜영 시인의 시편 중에 자연을 소재로 한 시편들이 많다. 그는 자연의 속성에 인간의 삶을 덧입혀 보여주는 방식을 사용하고 있다.

서정시의 본형에서 삶과 인간의 동일성을 추구하는 방식을 이용하면서도 자연이 안고 있는 보편적 특성에 인간의 삶과의 연관성을 이어 가려고 한다. 이는 자연 속에 융화된 삶의 형상이라는 것을 목표한 것이 아닌가 싶다. 그러면서 이 자연은 산이나 바다같은 것보다 계절이나 특이한 지형의 인상적인 양상을 소재로 선택한 경우를 많이 볼 수 있다. 다음의 시를 보자.

겨울밤은 오래된 부부처럼
더 이상 채울 것도 비워낼 것도 없어
긴 겨울밤 꽃문양 담요 한 장의 중량이
끌어당길 것도 끌어내릴 것도 없는 것처럼
밤별은 얼어 더욱 빛나고
밤기차는 떠남으로 한겨울 詩가 되고
문풍지 떨릴수록 더 여미는 기억의 단죄
겨울밤은 오래전 비워낸 관용의 잔처럼
더 기다릴 것도 더 다가갈 것도 없이
밤나무는 야위어 더욱 밤이 허기지고

긴 겨울밤 낡은 등 밑 펜 한 자루의 떨림이
보고프다 할 것도 잊었노라 할 것도 없이

- 「겨울밤에는」 전문 -

이 시는 겨울밤이라는 한 계절에 느꼈던 여러 가지 감성적 기억들을 보여주고 있다. 이 감성의 편린들은 각기 하나의 이미지처럼 겨울밤에 일어나는 환영을 통해서 화자가 겪어야 하는 심정적 고뇌나 갈등을 예리하게 제시한다. '오래된 부부'가 겪는 메마른 습성들처럼 무관심해지는 일이 '꽃문양 담요 한 장'을 덮고 끌어당겨 올릴 일이나 내일 일이 없는 무덤덤한 생활이 익숙한 버릇처럼 되어 황량한 느낌으로 전해온다. 그러면서도 밤기차가 떠나가는 자리에 서면 자연스럽게 이별의 아픔을 환기할 때가 있고 이에 따라 이별의 시를 낯게 할 수 있는 것이다. 이처럼 문풍지 떨림이 기억을 불러오는 것이어서 이 떨림이 반복되면 생활환경에 동화돼서 정서적 반응이 없을 수 있다. 시인에게 있어서 정서의 환기는 익숙해져 버린 그것들을 깨부수고 예민한 감촉을 인용해서 다른 정향을 만들어 낸 밤나무가 한 겨울 야위어가는 아픔에 긴 겨울밤의 익숙함에서 '낡은 등' 아래는 펜 자루를 잡고 시를 써보고자 하는 마음을 솟게 하고 있다. 무상의 시간 속에 던져져 시와 마주할 수 있는 감정적 충일감도 잊어버리게 되는 그 지루한 밤의 시간을 시인은 역설하고 있다. 이 시는 '할 것도 잊었노라 할 것도 없이' 이 혼미한 역설의 표현처럼 어두운 겨울밤은 '나'라는 자아의 내면을 흐리게 하여 빈공간을 만들어버리는 것이 아닌가 생각된다. 다음의 시를 보자.

봄 같은 이별을 하였다
실비에 떨어진 꽃잎처럼
어쩌다 멍하니
여름 같은 이별을 한다
매미울음 만큼이나 거친
격정의 다짐으로
가을 같은 이별을 해야지
하늘 끝 파라니 낮 달 드리울 때
시린 두 눈 꼭 감을 수 있도록
겨울 같은 이별은 어떨까
쌓이는 눈처럼 가슴 뜨거울 때
지난 이별들 다 태울 수 있도록

- 「이별보고」 전문 -

이 시는 이별이 가지는 여러 가지 속성을 각기 계절에 투사하여 그 의미를 드러내 보여주고 있다. 이 이별에 대한 시인의 감정적 술회 속에 독특한 시인의 개성적 특성을 살려 그만의 이별에 대한 보고를 만들고 있다. 그 특성을 살펴보면 봄은 '실비에 떨어진 꽃잎처럼' 이 봄 같은 이별이라고 한다. 이는 약한 봄비에도 견디지 못하고 떨어진 연약한 꽃잎의 애처로움의 이별형을 보여주고 있다. 여름은 '매미울음 만큼이나 거친' 격정적 이별형이 '여름 같은 이별'이라고 한다. 이 격정적인 이별은 뜨거운 여름 나무 위에서 소리치며 울고 있는 매미의 한어린 이별형을 말하기도 한다. 가을 같은 이별은 '하늘 끝 파라니 낮 달'이 떠 있는 형이다. 가을의 파란 하늘은 너무 높아서 아득하기만 하다. 그 하늘에 낮달은 마치 돌아서서 간 자리에 남아있는 그림자처럼 외롭고 고적하다. 겨울 같은 이별은 '쌓이는 눈처럼 가슴 뜨거울 때'라고 한다. 시인은 이를 '지난 이별들 다 태울 수 있'는 때라고 한다. 아마 모든 이별의 종국을 말하는 것이리라 유추해볼 수 있다. 시인이 제시한 색견표 같은 계절별 이별은 한결같이 서러움 보다는 이별이라는 개념이 만들어 내는 외로움의 주체성에 초점이 맞추어져 있다. 이런 외로움의 개별성이 이 시의 핵심이라 여겨진다. 다음의 시를 보자.

비올 때는 비를 맞더라도
지난겨울 숨죽였던 이끼가 살아나길 기대합니다
파릇한 이끼는 보기 좋고 감촉도 좋아
강아지는 냄새 맡고 나는 만져봅니다
이끼는 가지도 없고 뿌리도 없어
바람이 와도 흔들리지 않고
비가와도 뽑힐 것 없습니다
향도 없어 묻을 것도 없습니다
그저 너무나 연약해 어떤 것에나 쉽게 밟힙니다
어찌나 여린지 어떤 것에나 순종합니다
그래도 이끼는 묵묵합니다
그저 비만 와주면 배부르지 않아도

근근히 숨 쉬며 살아갑니다
세상 무엇보다 파랗게 말이죠

- 「이끼」 전문 -

이 시는 이끼의 삶을 보여주고 있다. 현실의 삶에서 어떤 질곡에서도 견디어 내면서 요란한 세속적 욕망도 없이 살아가는 삶을 염두에 두고 이끼를 보고 있다고 보여진다. 이끼는 '비'를 맞으며 죽어있던 모습이 새롭게 살아나는 이끼를 제시한다. 화자인 나는 '파릇한 이끼'가 주는 생명력을 그리고 부드러운 이끼의 순응력을 좋아한다고 한다. 화자인 '나'는 이끼가 지닌 속성을 그의 감각으로 받아들여 구체적인 선호의 이유를 만들어내고 있다. 첫째는 감촉의 부드러움이다. 그리고 비바람이 불어도 흔들리지 않고 뿌리가 뽑혀지지 않는다는 점이다. 또 무향이라 해독도 없다. 그리고 연약해서 밟히지만 순종하며 견딘다는 것이고 어쩌다 오는 비에 만족하며 살아간다는 점이다. 그렇지만 이끼는 파랗게 생명을 유지하고 있다는 것이다. 시인의 감각을 통해서 이끼는 여리고 힘이 없고 어려운 환경에 던져져 있어도 밝고 싱싱한 파란색으로 생명을 유지해 가는 것이 특별하고 이런 삶의 행각이 근근이 숨 쉬고 살면서도 밝게 사는 인간에게 하나의 지표가 될 수 있다고 보여주고 있다. 시인은 이끼의 삶 속에 담긴 끈끈한 생명의 파란 색을 시로 빚은 것이라 하겠다. 다음의 시를 보자.

비가 꾸준하고 요란하다
비 올적에
마음에 쌓이는 비가 있다
나비처럼 나풀이던 상당로에서
키 큰 그 사람은 전봇대처럼 묵묵했었다
그런 날 밤과 비는 겨울과 젖은 길로
세상 어디에고 열린 영혼이었다

비에 모든 것이 젖고
뜨겁고자 하는 건 견딜 수 없다
젖은채로 추운채로
세상과 밤 모든 것이 수건처럼 건조할 뿐
새처럼 종알이던 무심로에서
긴 손가락 그 사람은 가위처럼 날선 이별이었다

벽처럼 견고한 비
노래처럼 달달한 비
눈물만큼 뿌리 깊은 유구한 비
잊고자 하는 건 슬픈 기억의 식상일까
젖은 코트자락 치렁대던 터미널에서
차가운 심장인 그 사람은 세워주지 않는 빈 택시였다

– 「상당로」 전문 –

이 시는 비 오는 날에 정경을 배경으로 하고 있다. 비 오는 날이 떠오른 기억이다. 이 기억은 이별의 순간이다. '젖은채로 추운채로' 만난 그 사람은 가위처럼 낯선 이별을 통보했다. 시인은 비 오는 어느 날 '젖은 코트자락 치렁대던 터미널에서' 그에게 '차가운 심장'의 그 사람은 세워주지 않는 빈 택시처럼 야박하게 떠나갔다. 이런 사연은 그가 비가 주는 정서적 감성의 느낌을 '견고한' 벽처럼 '노래처럼 달달한' 달콤한의 표현에서 볼 수 있듯이 복잡한 마음의 갈등을 담은 비의 감정적 표현으로 이별이 주는 충격을 보여주고 있다. 이 시는 비가 불러낸 이별의 쓰디쓴 복합적 감정의 상태를 형상하고 있다. 시인은 이처럼 다양한 감정의 색깔을 사물에 접합하여 그가 품었던 마음의 세계를 드러내 보여주고 있다. 그의 시는 어찌보면 마음 속에 감추어진 다양한 의미를 추적하고 있다고 할 것이다. 이는 결국 이별과 비의 상관을 통해 그가 지닌 아픔을 극화시켜 보여 주고 있는 것이다. 자연과 인간이 상관에서 감정적 세계를 매게로 하여 시인은 내면의 정서를 형상화하고 있는 것이다. 다음의 시를 보자.

태산 하나를 다 태우고 긴 장마가 떠났다
목메던 하늘은 새파란 멍울인데
이제 서풍은 꽃물처럼 향긋하고
비로소 진한 녹옆들이 삶아 건 빨래처럼 정갈하다
막 뜬은 비누 같은 해는 눈부신 전라를 들어내고
간지렀던 탄천뚝 길 개나리 언제냐 듯
어느새 매미 막부림이 바스라지고 있다

가는 계절이 속절없다
멈추지 않는 강은 버들 같은 계절을 싣고
실날 같은 인생은 풀피리처럼 무심하다
장마는 떠난 적 없어 매양 오는 나그네
통곡 후 하늘은 파란 목 삼킴만 무성하다
긴 장마 후 태양은 뜨겁고
복풍올 적 떨어질 잎들이 못다 쓴 이정표로
무풍에 떨고 있다

− 「장마」 전문 −

  이 시는 장마가 바꿔놓은 세계를 대상으로 하고 있다. 장마와 인간의 상관에 '장마'는 직접적이고 확실하게 영향을 미치고 있다. 이 점은 시인의 명쾌한 비유로 그 변화의 의미를 보여준다. 이 시에서 장마와 장마가 그치고 난 후의 극명한 세계를 대비적으로 보여주고 있다. 이 대비의 의미는 자연의 모습이 지닌 변하지 않는 세계이다. 장마가 가고 나서는 서풍은 '서풍은 꽃물처럼 향긋하고' '진한 녹옆들이 삶아 건 빨래처럼 정갈하다'고 한다. 또 '매미 막부림이 바스라지고 있다' 그리고 '가는 계절이 속절없다'고 한다. 이는 계절마다 찾아오는 장마가 바로 인간의 생활에서 겪게 되는 고난처럼 항상 떠나지 않고 있고, 고난이 지나면 언제 그랬느냐는 듯이 무풍의 속절없는 세월이 간다는 덧없는 삶의 한 가닥을 장마를 통해서 보여주고 싶어 하지 않았나 보여진다. 이 시에서 장마는 '실날 같은 인생은 풀피리처럼 무심하다'는 표현에서 보듯이 장마는 삶을 바꿔놓을 듯 하지만 결국 무상한 세월의 한 가닥뿐이라는 시인의 심정이 담겨있다.

2. 사물의 의미와 내면의 욕망

　이 시인은 마음에 담겨지는 사연들을 느낌 그대로 드러내 보이는 시들이 많다. 그중에서도 생활하는 동안 부딪치게 되는 여러 가지 충격이 마음에 일으킨 파동의 서정적 언어로 보여준다. 그런데 주목해 볼 점은 화자가 '나'라는 주체를 감추고서 '나'라는 존재가 겪고 있는 관념적 의미를 그대로 드러내는 시의 구조로 형성하고 있다는 점이다. 어찌보면 잠언같은 관념적 내용을 거침없이 보여주고 있다. 또 한 가지 더 주목해볼 점은 이 관념이 다름 아닌 마음의 감성적 반응을 뿌리로 하고 있다는 것이다. '근원과 겸허는 마음의 양곡'이라는 이 성의기 그대로 보여주고 있지만 이 근원과 겸허는 서로 상관이 아니라 의미가 다른 관념적 표현일 뿐이다. 그런데도 이를 '마음의 양곡'이라는 비유로 설정한 것은 그가 감성적 의미를 바탕으로 이런 명제를 설정한 것으로 알게 한다. 시인은 '산다는 것'과 '마음의 길'을 서로 상호 관계로 보고 이를 결합하고자 하는 의도가 있지 않았나 보여지게 한다. 다음의 시를 보자.

　　발은 땅을 떠날 수 없고
　　강은 굽이짐을 마다할 수 없다

달빛은 취중 몽롱할 때 詩가 되고
바람은 흔들리는 모든 것에 있다
물결이 더디다면 모래 산이 있을 것이고
노을이 붉다면 태양의 통곡이 있었을터
근원과 겸허는 산다는 것의 양곡이다
삶은 나를 떠나지 않고
돌아오지 않는 강은 회한이란 자숙이다
달은 언제고 답안처럼 제자리에 있고
바람의 언저리엔 흔들리고픈 기억의 체증이 아려온다
막 깨어난 이런 새벽의 적막과 번뇌는
씻어도 털어도 취할 건 흙 뿐인 신짝처럼
잠시 후 이른 아침 물 한 컵의 시림을 수렴하게 한다
그리고 정갈히 놓여진 양말을 신는다

- 「자각」 전문 -

  이 시는 살아가는 일들을 자연과 결합하여 마음의 움직임을 담고 있다. 삶에서 얻은 참다움을 어떻게 구현할지 걱정하는 시인의 마음을 자연과 교묘하게 접합시키고 있다. 인간은 땅을 떠날 수 없고, 자연인 강은 굽이짐이 있다는 결합은 땅 위에 살면서 여러 역경의 순간들이 있다는 뜻으로 풀이할 수 있다. 이는 바람의 흔들림처럼 당연한 일인 것이다. '물결이 더디다면 모래 산이 있을 것'라는 표현은 우리가 익히 들은 많은 자연적 법칙의 하나이지만 이를 의식하지 못하고 살아가는 이에게는 무감각하게 느껴질 뿐이다. 시인은 이러한 새삼스러운 자각이 삶의 참다움을 일깨워주고 있다는 호소로 깨달을 수 있다. '정갈히 놓여진 양말을 신는다'에서 볼 수 있듯이 삶의 새로운 발걸음을 가질 수 있음을 밝히고 있다. 따라서 한 번의 새로운 시각을 통해서 얻는 자각의 순간이 보여주는 삶의 새로운 순간이 바로 자연과 인간의 새로운 교감으로 이루어짐을 의미한다. 다음의 시를 보자.

휘황한 네온으로 호사스런 밤 도시
빗물처럼 끈적이는 진한키스의 잿빛 뒷골목
작열하는 태양의 사막에서 긴 옷을 걸치고
몰아치는 폭풍 속에서 참았던 울음을 토하듯
꿈인 듯 아스라한 사막의 신기루 앞에서
도시 라스베가스는 치장의 옷을 입는다
환락과 설망의 도시 라스베가스
대낮에 난무하는 세드엔딩의 질주는 심장을 뛰게 히고
눈 어지런 점멸등아래 밤벌레처럼 긴 더듬이를 세운
충혈 된 눈들은 밤과 새벽의 경계를 모호하게 해
낮은 뜨겁고 그보다 뜨거운 밤의 도시 라스베가스
케니지의 색스폰은 낮게 부는 바람마저 휘청이게해
hotel 그 erotic한 간판에 부데끼고 있었다
종교서의 인간금욕이 제어되지 않는 도시 라스베가스
탐욕과 정열과 사랑과 배신의
정오의 태양마저 삼킬 듯한 도시

그 언제 적 마른 바람만이 모래언덕의 꿈이었을까
클럽 플라밍고 저 빨간 손톱의 담배연기는
누구를 향해있는가
잠들지 않아도 잠들고 싶지 않은
모든 것은 벌거벗은 본연의 군상이 되어있는
거짓과 이별이 레드벨벳처럼 아름다운 도시

라스베가스를 떠나며…

― 「라스베가스를 떠나며…」 전문 ―

  이 시는 환락의 도시 라스베가스를 보면서 '모든 것은 벌거벗은 본연의 군상'을 떠올리며 '거짓과 이별이 레드벨벳처럼 아름다운 도시'를 돌아본 기행의 감상을 그려놓고 있다. 인간에게는 원초적이라고 할까 본능적이라고 할 욕망이 속박된 삶의 간섭에서 벗어나고 싶어 하는 존재로 드러난다. 이 욕망의 현실적 실현을 라스베가스는 보여준다고 할 것이다. 시인은 이런 도시의 풍경들을 하나 하나 살펴 가며 그가 느낀 대로 마치 보고서를 쓰듯이 그려내고 있다. 그가 지적하는 도시의 모습은 특별한 비유를 거쳐 생생한 환상을 형상하고 있다. 예를 들어 '빗물처럼 끈적이는 진한키스의 잿빛 뒷골목'은 도시의 일면일 수 있다. 또 '눈 어지런 점멸등아래 밤벌레처럼 긴 더듬이를 세운 충혈 된 눈들은 밤'을 밝히고 이들이 새벽의 경계를 모호하게 한다. 따라서 '낮은 뜨겁고 그보다 뜨거운 밤의 도시 라스베가스'

를 구현하고 있다. 시인이 이 시에서 담고 싶어 한 것은 환락적 인간의 이상향처럼 느껴지는 도시에서 잠시 머물다 가면서 '그 언제 적 마른 바람만이 모래언덕의 꿈이었을까' 하는 꿈이 낳은 또 다른 인간의 모습을 상상하지 않았을까 하는 의문이 든다. 시인은 삶과 자연의 상관을 염두에 두고 이에 대한 마음의 느낌을 그대로 형상화하고 있는 점은 그만의 시적 환상이 되고 있는 것이다.

3. 서정의 감동과 정형시의 새로운 해석

 이혜영 시인이 가진 시적 특색을 살펴보면 형식이나 내용에 있어서 기존의 시 창작 방식이라 보여지는 내용이나 형식보다는 그만의 감정적 분출의 색깔과 내용에 맞는 형식이나 시적 표현을 보여주고자 하는 의도가 있어 보인다. 그런 이유인지 때로는 독창적인 그만의 방식을 찾아보고자 하는 실험적인 방식을 보여주는 경우도 있다. 그 중에서 눈에 띄는 것은 정형시의 시편이다. 그가 선택한 정형시는 고전적 의미보다는 그만의 시적 형식에 대한 해석으로 서정시의 운율적 리듬성을 강화하고자 하는 목적이 더 강하게 보인다. 마치 옛 가락에 오늘의 감각을 담는 것처럼 느껴지기도 한다. 다음의 시를 보자.

　　바람아 불어라
　　잎 떠나보내게
　　소낙비 나려라

가지 떠나가게
보내기 싫어서
떠나지 못해서
예외 없는 목록
메양 오는 이별
처음 같은 상심
늙은 의자 위에
남루한 중절모
오래된 정원에
할애되는 달빛
모든 걸 주고도
모든 걸 뺏긴 듯
오래된 정원에
밤 서리 모질다

- 「오래된 정원」 전문 -

 이 시는 3·3조의 정형시로 오늘을 사는 이의 슬픈 이별에 대한 안타까움을 담고 있다. 특히 이 시에는 살아가면서 겪게 되는 이별의 반복으로 남루해져 가는 삶의 처량함을 그려내고 있다. '늙은 의자 위에 남루한 중절모'가 상징하는 것을 보아도 이별의 흔적을 오래된 정원의 삽화로 삼아 찬 서리처럼 모진 시련을 노래하는 것처럼 시인은 오래된 정원을 이별의 공간적 영역으로 설정하고 이별해야 하는 마음의 변조를 비유로 보여준다. 다음의 시를 보자.

고드름 커가는 한겨울밤은
화로 불 연기에도 타지 않는 꿈
검둥이 달 보고 짖어대는 밤
사랑은 꿈에서도 키 크는 고드름

- 「고드름」 전문 -

이 사행시는 사랑을 주제로 하고 있다. 초겨울 창밖에 매달린 고드름은 겨울의 상징이다. 한밤 화롯불 곁에 앉아 있어도 타서 재가 되지 않는 꿈이 있다. 그런 밤에는 검둥이도 달을 보고 누가 찾아왔나 하고 짖기도 한다. 이런 밤 고드름처럼 키가 커가고 있다는 것이 이 시의 내용이다. 이 시에서 예전에 정형이 가지는 고전적 규범을 벗어나서 일상적 삶의 자리에서 화자의 심정적 느낌을 솔직하고 절실히 드러내는 점은 큰 성과로 보인다. 이 사행시와 함께 그가 자신의 내면을 그대로 시로 형상화한 시편들도 많다. 한 인간의 내면이 가지는 복잡한 삶의 충격과 무게를 시인은 현란한 환상의 기법으로 펼쳐 보여주는 것은 한 존재의 의미를 감성적 측면에서 그려보고 싶은 열정 때문이라고 할 수 있을 것이다. 다음의 시를 보자.

시대의 거친 굴곡사를 겪었음에도
검은 것과 흰 것을 구별할 수 있고
밤하늘 별빛에 눈물겹다는
그래서 내게 온 삶에 감사하다는

남미가수 메르세데스의 노래
그래 밤공원에
스산한 바람 냄새 그득하니
내게 온 가을이 눈물겹다
반쪽자리 달그네
황금구름 걸친 것이
저리도 아름다운데
올려다 볼 수 있는 이 삶이 감사하다
시대는 언제나 불과 얼음의 쌍곡선
팽창하는 고뇌와 자아의 불협이 있다 해도
귀뚜리 노래하고
소나무 사철 푸른 강 길에서
몽환 같은 물안개에 젖을 수 있는
이런 삶이 내게 온 것에 감사하다
삶의 형태는 제각 다른 조약돌 같은 것
누구의 것이든 삶은 그에게 충실하다
혹여 폭우 속 오는 님 주저앉아
그 모양 남루하고 버거울지라도
사는 것이 곧 충실에 대한 소명이므로
별빛에 부서지는 눈물이 있는 한
이리 내게 온 삶에 감사하다

- 「별빛에 부서지다」 전문 -

이 시의 주제는 생명을 가진 인간으로 존재한다는 것을 마음에 품고 있다는 삶의 긍정적 인식이다. 화자는 시대의 거친 굴곡사에서도 자연의 흐름은 한 치의 오차도 없이 순리적진행을 거쳐 '밤하늘'은 차마 눈물겹게 보여진다. 그리고 그에게 다가온 가을도 눈물겹다는 서러운 심정을 자아내게 한다. 이처럼 시대는 고뇌와 자아의 불협화가 있다고 해도 '귀뚜리 노래하고' '몽환 같은 물안개'에 젖어 살 수 있다는 것을 감사하다고 한다. 이 시는 삶에 대한 감사한 마음을 '별빛에 부서지는 눈물이 있는 한'이라는 조건이 붙어 있는 감사이다. 이는 마치 조약돌이 생김새마다 개성이 담기듯이 각자 주어진 생명의 의미를 어떻게 하고 사느냐 하는 문제를 시인은 '감사'라는 말로써 해결의 입구로 삼고 있다.

　이제 결론적으로 이혜영의 첫 시집 시편들이 보여준 특징을 잡아보면 먼저 첫 시집이기에 하나의 작가적 성향보다는 다양한 실험성을 가지고 있다는 점이다. 그가 즐겨 사용하는 표현기법의 화려한 비유는 마치 불꽃이 하늘에서 번지듯 언어의 다양한 내포를 횔용한 하나의 부채형 전개라 할 것이다. 둘째로는 내용과 현익에 얽매이지 않고 그의 주제에 따라 자유롭게 그에 알맞은 형식을 모색하려 애쓴 점이다. 이처럼 이혜영 시인의 시편은 서정시의 영역을 확대해보려는 참신한 의지가 시의 의미를 보다 확장 시키고 있다. 이번 시집에서 그가 얻은 수확은 마음에 담겨진 정서적 반응을 서정의 언어로 확대해 보여주고 있다는 점이다. 이혜영 시인은 분명히 그만의 목소리로 심장의 울림을 그만의 가락으로 비록 거친 점이 있지만 열정적으로 시 정신을 세워가서 큰 성과를 이룩할 것을 기대한다. 다음 시집을 기대한다. 첫 시집 축하한다.

초판 인쇄일 2025년 6월 18일
초판 발행일 2025년 6월 18일
지은이 이혜영
발행인 박근정
발행처 심　상

06788 서울특별시 서초구 양재동 353-4 청암빌딩 2F
TEL. 02-3462-0290
FAX. 02-3462-0293
출판등록 제라-1696

값 12,000원
ⓒ 이혜영
ISBN 979-11-85659-53-4